하나님 나라

성경 관통

이종필 지음

구약편

넥서스CROSS

「하나님 나라 관점으로 성경관통 워크북 시리즈」를 출간하며

성경 전체 다시 보기

20년 전, 신학대학원에 입학하고 서울에서 사역을 시작하면서 교회에서 전혀 알지 못하던 수많은 사람들과 만났다. 나는 학부에서 인문학을 전공하고 사람들 만나는 것을 좋아했기에, '우리'의 대화는 더욱 넓고 깊어져만 갔다. 하지만 직면한 현실은 교회가 가르치는 복음이 성도들의 삶에 충분히 답변하지 못한다는 것이었다. 특히 젊은이들은 변화하는 세상에 대해, 자신들의 삶에서 생기는 문제들에 대해 수많은 질문을 쏟아냈다. 그러면서 교회에 대해 답답해했다. 나 또한 복음에 대한 피상적 이해에 머물러 있었다. 때문에 그들에게 시원한 답을 줄 수가 없었다. '죄를 사함 받아 죽어서 천국에 간다, 열심히 기도해서 응답받자'라고 요약되는 설교와 양육의 내용들이 내 삶과 성경 본문들을 충분히 담아내기에는 부족하다는 생각이 들었다. 충분히 복음을 이해하기 위해 성경 전체를 다시 볼 필요가 있다는 결론에

하나님 나라

성경관통

– 구약편 –

하나님 나라 성경관통(구약편)

지은이 이종필
펴낸이 임상진
펴낸곳 (주)넥서스

초판 1쇄 발행 2018년 2월 10일
초판 13쇄 발행 2025년 10월 5일

출판신고 1992년 4월 3일 제311-2002-2호
주소 10880 경기도 파주시 지목로 5
전화 (02)330-5500 팩스 (02)330-5555

ISBN 979-11-6165-248-1 03230
979-11-6165-267-2 (세트)

가격은 뒤표지에 있습니다.
잘못 만들어진 책은 구입처에서 바꾸어 드립니다.

www.nexusbook.com

이르렀고, 이렇게 시작한 '성경 전체 다시 보기' 작업이 나에게 문제를 제기한 많은 믿음의 사람들과 건전한 신학자들과 선배 목회자들의 도움으로 조금씩 완성되어 결실을 맺게 되었다.

구약관통과 신약관통, 그 이후

2014년에 출간한 「하나님 나라 관점으로 구약관통」과 「하나님 나라 관점으로 신약관통」은 이러한 과정을 통해 세상에 나오게 되었다. 이후 나의 삶은 많이 달라졌다. 무엇보다 수많은 목회자와 만나게 되었고, 그들로부터 수많은 질문을 받게 되었다. 하나님 나라에 대해, 교회에 대해 다양한 기고도 하였다. 무엇보다 교회를 건강하게 세우려는 귀한 동역자들의 요청에 응하여 많은 시도를 하게 된 것이다. 「하나님 나라 관점으로 성경관통 워크북 시리즈」는 그렇게 또 세상에 나오게 되었다. 명확하고 효과적으로 성경 전체를 통해 복음의 윤곽을 잡아내고자 하는 많은 분의 요청에 답하게 되어 심히 기쁘다.

관점으로 관통하라

이 시리즈의 특징은 '관점'과 '관통'이다. 어떤 책이든 저자의 관점이 있듯, 성경도 계시를 주신 하나님의 관점으로 읽어야 한다. 성경은 복음이신 '예수님'과 하나님께서 목표하시고 그리스도께서 성취하신 '하나님 나라'에 대한 책이다.

오늘날에는 이 관점을 부정하고, 독자가 마음대로 성경을 읽으려 한다. 하지만 그것은 잘못된 것이다. 성경은 성경이 제시하는 분명한 관점이 있다. 이 관점을 얻으려면 꼭! 관통해야 한다. 관통은 짧은 시간에 전체를 보는 방식이 효과적이다. 작은 본문들에 매몰되면 깊이 있는 묵상이 아니라, 성경 전체의 복음과 동떨어지는 결과를 초래할 수 있기 때문이다. 이 책을 통해 짧은 시간에 넓은 숲을 보는 관통 훈련을 하길 소망한다.

원리편, 구약편, 신약편

이 시리즈는 원리편, 구약편, 신약편으로 구성하여 총 3권으로 되어 있다. 먼저 원리편을 통해 복음을 계시하는 언약의 관점으로 하나님 나라를 이해하고, 그 관점으로 성경 전체를 보는 눈을 훈련하여 성경에 흥미를 가지고 복음에 접근하도록 도울 것이다. 구약편과 신약편은 원리편에서 훈련한 관점으로 구약의 모세오경, 역사서, 시가서, 선지서와 신약의 복음서, 역사서, 서신서, 예언서를 전체적으로 관통한다. 결국 이 시리즈는 하나님께서 예수님을 통해 인류와 맺은 언약에 대한 이해를 바탕으로 하나님 나라 복음이 무엇인지 확신하고 살아가도록 우리를 훈련하게 될 것이다. 나아가 복음에 대한 분명한 이해를 통해 건강한 교회의 기초를 다지게 될 것이다.

마지막으로, 이 책을 통해 복음으로 교회를 세우고 세상을 회복하시고자 하는 하나님의 선교에 동참할 동역자들에게 작은 힘을 보태게 된다면 나에게는 큰 기쁨이 될 것이다. 나를 부르시고 끊임없이 사역을 통해 보람을 주시는 하나님께 감사하며, 같이 땀 흘린 세상의빛교회 동역자들과 넥서스CROSS 편집부에도 감사드린다.

2018년 2월

이 종 필 목사 (킹덤처치연구소장)

차례

1과

구약 전체 관통

예수님의 제자들은 구약 성경을 읽으며 메시아를 고대했고, 구약 성경을 통해 예수님을 메시아로 확신했다. 만약 구약 성경이 없었다면, 예수님을 믿고 그의 죽음과 부활을 통한 구원을 이해할 수 없었을 것이다.

구약 성경은 모세오경, 역사서, 시가서, 선지서로 나눌 수 있다. 하나님 나라 관점으로 구약 성경을 네 부분으로 개관하면서, 우리는 하나님의 계획을 이해하게 될 것이다. 또한 더 나아가 예수 그리스도께서 어떻게 하나님의 계획을 성취하셨는지를 깨닫게 될 것이다. 1과를 통해 예수 그리스도께서 성취하신 구원의 총체적인 의미를 파악하는 기초를 닦아보자.

하나님 나라 관점

하나님 나라 관점으로 구약 성경을 보면, 구약 전체의 메시지가 보인다. 하나님께서 인류 역사 속에서 하나님 나라를 형성하고 유지해 가는 방식은 '언약'이다. 하나님께서는 자신의 백성을 택하셔서 언약의 당사자로 세우신다. 그리고 언약의 당사자에게 땅을 선물로 주신다. 언약의 당사자인 하나님의 백성은 그 땅에서 하나님의 주권을 지키며 살아가야 한다. 이 언약의 조건을 이행하는 것이 땅의 번성이나 상실을 좌우한다. 이러한 하나님 나라의 원리가 구약에서 계시되고 발전되어 간다.

하나님 나라 성경관통 원리편에서 배운 하나님 나라는 무엇인가에 대해 간단히 정리해 보라.

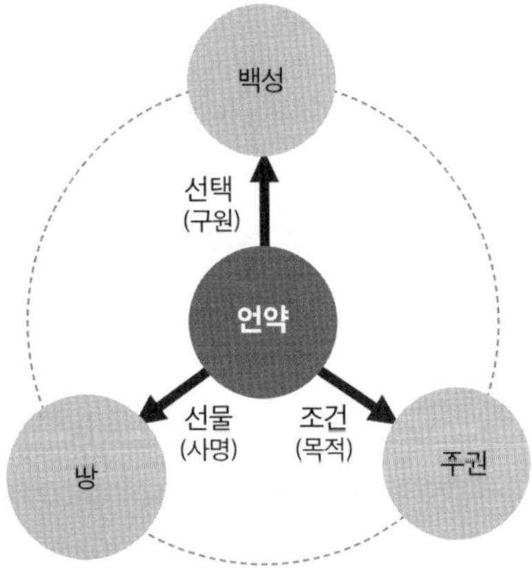

〈언약으로 맺어진 하나님 나라의 3요소〉

구약관통

하나님 나라의 관점으로 구약 성경을 모세오경, 역사서, 시가서, 선지서로 구분해 보라. 그리고 각 특징을 정리하며, 전체적인 메시지를 이해하고 정리하면 좋다.

1. 모세오경

다음의 지문을 참고하여 질문에 답해 보라.

모세오경에는 백성-땅-주권의 원리가 제시되고 있다. 에덴동산에서 이 원리가 제시되고, 하나님의 주권을 거부하여 땅을 상실했다. 하지만 하나님께서는 하나님 나라를 포기하지 않으신다. 여자의 후손이 뱀의 후손을 이기고 승리할 것을 예언하시고, 실패한 아담과 하와에게 가죽옷을 입혀 살게 하셨다. 하나님께서는 셋의 후손을 통해 하나님 나라를 이어가시다가 아브라함을 부르시고, 그의 후손들을 통해 다시 이 땅에 하나님 나라의 원리를 제시하신다. 이스라엘 민족을 백성으로 삼아 땅을 약속해 주시고, 시내 산에서 율법을 선포하게 하셨다.

모세오경 각 권의 이름을 적어 보라.

하나님 나라 관점에서 모세오경의 주제는 무엇인가?

구약 성경의 가장 첫 권인 창세기는 하나님 나라의 시작의 관점에서 중요한 위치를 차지한다. 창세기가 우리에게 보여주는 메시지는 무엇인가?

모세오경은 하나님 나라가 어떻게 시작되는지 보여준다. 모세오경이 보여주는 하나님 나라를 국민, 영토, 주권으로 정리해 보라.

국민

영토

주권

2. 역사서

다음의 지문을 참고하여 질문에 답해 보라.

> 역사서는 이스라엘 백성이 멸망하여 바벨론에 포로로 잡혀가기 전에 기록된 '역사서I'과 포로 후기에 기록된 '역사서II'로 나뉜다. 역사서I은 이스라엘 역사 가운데 하나님 나라의 원리가 어떻게 적용되어 발전해 가고 있는지를 보여준다. 역사서II는 멸망하여 소망을 잃어버린 하나님의 백성에게 하나님 나라는 여전히 유효하다는 말씀을 전한다.

역사서 각 권의 이름을 적어 보라.

하나님 나라 관점에서 역사서의 주제는 무엇인가?

역사서는 두 부분으로 나눌 수 있으며, 역사서I은 여호수아부터 열왕기하까지이다. 이 부분의 메시지는 무엇인가?

역사서I을 하나님 나라 관점에서 흥망성쇠(興亡盛衰)로 표현할 수 있다. 여호수아, 사사기, 룻기, 사무엘상하, 열왕기상하를 흥망성쇠로 정리해 보라.

역사서II는 역대기상부터 에스더까지이다. 이 부분의 메시지는 무엇인가?

역사서II의 각 권은 하나님 나라의 회복 관점에서 어떤 이야기인지 정리해 보라.

3. 시가서

다음의 지문을 참고하여 질문에 답해 보라.

시가서는 전체적으로 하나님 나라 백성으로 살아간 이스라엘 백성에게 주어진 지혜의 결과물이다. 욥기는 의인의 고난을 소재로 하여 인간 지혜의 한계를 보여 준다. 시편은 인생의 모든 분야에서 겪는 하나님 나라 백성의 경험을 소재로 하여 신앙의 고백을 전해 준다. 잠언은 그러한 경험들의 결과물로서 지혜의 본질과 지혜로운 삶의 실제를 기록한다. 전도서는 지혜의 결과로서 인간만사(人間萬事)에 대한 가치 판단의 기준을 '헛된'(히브리어로 '헤벨'을 말하며, 안개 또는 수증기라는 뜻이다)이라는 단어로 요약하면서, 세상 모든 것보다 가치 있는 하나님을 전한다. 아가는 지혜서의 마무리이다. 결국 성숙한 지혜의 끝은 사랑이다. 하나님과 인간 사이의 사랑이며, 인간과 인간 사이의 사랑이다. 이것이 결국 율법의 요약이다.

시가서 각 권의 이름을 적어 보라.

하나님 나라 관점에서 시가서의 주제는 무엇인가?

앞의 지문을 보고, 시가서 각 권의 메시지를 요약하라.

욥기

시편

잠언

전도서

아가

4. 선지서

다음의 지문을 참고하여 질문에 답해 보라.

선지서는 하나님 나라의 원리로 이스라엘 백성의 삶을 평가하며 경고와 심판의 메시지를 전한다. 요나와 나훔 그리고 오바댜는 앗수르와 에돔에 대한 심판을 전하고 있으나, 나머지 책들은 모두 이스라엘(남유다와 북이스라엘)에 관한 평가가 핵심이다. 선지자들은 이 평가를 통해 하나님 나라의 위기를 통감하며, 하나님께서 주시는 새로운 소망을 전한다. 그 소망의 핵심에는 새 언약을 성취할 메시아 사상이 담겨 있다. 이 메시아 사상은 신약 복음서로 이어진다.

TIP

메시아

히브리어로 '기름부음을 받은 자'라는 뜻으로 '구원자', '해방자'라는 의미를 지닌다. 신약 성경에서는 일반적으로 '그리스도'로 번역되었다. 구약에서 기름부음을 받는다는 것은 하나님의 특별한 일들을 수행할 특별한 종으로 부름을 받는다는 의미로 이해되고 있다. 그런 의미에서 제사장(레 4:3), 왕(삼상 24:10), 선지자들(왕상 19:16)이 여기에 해당됐다. 신약시대 예수님께서 진정한 메시아로 이 땅에 오셔서 하나님 나라를 성취하셨다.

선지서는 내용의 길이에 따라 대선지서와 소선지서로 구분된다. 선지서의 각 권을 대선지서와 소선지서로 구분하여 이름을 적어 보라.

대선지서

소선지서

하나님 나라 관점에서 선지서의 주제는 무엇인가?

하나님 나라 주제로 구약 한눈에 보기

모세오경은 하나님 나라의 원리를 다룬다. 역사서는 이스라엘 백성이 가나안 땅에서 살아간 역사를 다루며 하나님 나라의 원리가 그들에게 어떻게 적용되는지 기록한다. 시가서는 이스라엘 역사가 진행되는 동안 하나님의 백성이 겪은 경험들을 통해 하나님과 하나님의 통치를 드러낸 율법에 순종하는 것이 인생의 지혜임을 역사의 결과로 제시한다. 선지서는 이스라엘 백성에게 제시된 구원의 계획이 인간을 통해서가 아니라 하나님의 아들 메시아를 통해 성령의 능력으로 성취될 것을 제시함으로 신약을 바라본다.

따라서 우리는 '모세오경'을 하나님 나라의 원리, '역사서'를 하나님 나라의 원리에 대한 적용, '시가서'를 하나님 나라 원리가 적용된 결과, '선지서'를 하나님의 통치 문서인 율법을 통해 이스라엘과 열방을 평가하고 그들의 죄를 통해 파괴된 세상을 구원하시기 위해 세상에 오실 예수 그리스도를 통해 하나님과 맺을 영원한 언약의 미래를 예고한다.

지금까지 모세오경, 역사서, 시가서, 선지서를 하나님 나라 관점으로 크게 다루어 보았다. 이것을 다음의 도표에 정리해 보라.

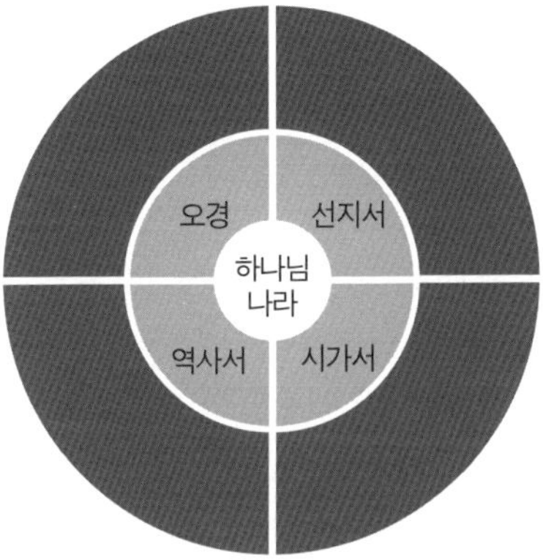

위의 도표를 참조하여 모세오경, 역사서, 시가서, 선지서를 하나님 나라의 관점으로 관통하여 정리해 보라.

이 과의 핵심 정리

구약을 하나님 나라 관점으로 관통할 수 있다.

모세오경	하나님 나라의 시작
역사서	하나님 나라의 발전 과정
시가서	하나님 나라 백성의 경험과 지혜
선지서	하나님 나라 백성의 실패와 새 언약의 소망

이번 주 과제

하나님 나라 관점으로 뽑은 핵심 말씀을 성경에 체크하며 읽기

성경	범위	핵심 말씀
욥기	1~14장	1:1,12, 2:6~7, 3:1,11, 4:7,17, 5:8,17, 6:10, 7:11, 8:6,11, 9:14, 10:2, 11:2,13~16, 12:2, 13:20~22, 14:14
	15~28장	15:4, 16:3, 17:1, 18:5, 19:4,21, 20:18~19, 21:34, 22:3~4,29, 23:9~10, 24:1,12,25, 25:4,6, 26:14, 27:5,13, 28:23,28
	29~42장	29:2,4, 30:9~10,31, 31:35, 32:2,3~6, 33:12, 34:35~36, 35:8,15~16, 36:11~12, 37:14,23, 38:2~5, 39:1,19, 40:4,8~9, 41:1~2, 42:3,6
시편	1~10편	1:1, 2:7, 3:1, 4:2, 5:1~2, 6:6,8, 7:1,16, 8:1,5, 9:19~20, 10:1,15
	11~20편	11:3~4, 12:2~3, 13:1,4, 14:1,3, 15:1, 16:1,5~6, 17:9,15, 18:1~2, 19:7, 20:7
	21~30편	21:1,13, 22:1, 23:1, 24:3~4,7~8, 25:4~5, 26:2,11, 27:1,4, 28:4, 29:1~2, 30:5

성경	범위	핵심 말씀
시편	31~40편	31:2, 32:1~2, 33:13~14, 34:3,8,18~19, 35:1, 36:1~2, 37:4~6,27~28,34, 38:18,21~22, 39:13, 40:1~3,17
	41~50편	41:1,5, 42:1,5, 43:5, 44:22~23,26, 45:1,4,9,16~17, 46:1,5,10~11, 47:1~2,7, 48:1~2, 49:12,16~17, 50:15,22~23
	51~60편	51:10, 52:1,8, 53:1, 54:4~5, 55:12~13,23, 56:2,8, 57:5,7~11, 58:10~11, 59:1,17, 60:1,11~12
	61~70편	61:7~8, 62:1,5, 63:3~4, 64:7~10, 65:8~9,11~12, 66:6,19, 67:7, 68:24, 69:2,20~21, 70:2
	71~80편	71:3, 72:1, 73:2~3,28, 74:1, 75:1,9~10, 76:2~3, 77:6~7, 78:14~15,32~35,40,60~61, 79:1, 80:4~5
	81~90편	81:10~14, 82:1~2, 83:1~2, 84:4~5, 85:9~12, 86:11, 87:1~2, 88:13~14, 89:3~4,30~34, 90:10
	91~100편	91:14~15, 92:12~14, 93:1, 94:1~2,14, 95:1~3, 96:10,13, 97:1~2, 98:9, 99:1~2,4, 100:3
	101~110편	101:1, 102:26~28, 103:6,17~19, 104:31, 105:7~10,43~45, 106:13~14,44~46, 107:43, 108:1, 109:5~6,30~31, 110:1~2
	111~120편	111:5, 112:1~2, 113:5~7, 114:1~2, 115:9, 116:12~14, 117:1~2, 118:6~7, 119:1~2, 120:1
	121~130편	121:1~2, 122:6, 123:2, 124:8, 125:2, 126:6, 127:1~2, 128:1~2, 129:5~6, 130:7
	131~140편	131:3, 132:11~12, 133:1, 134:3, 135:3~4, 136:1, 137:1, 138:3, 139:1~2, 140:4,12
	141~150편	141:8~9, 142:6, 143:9, 144:1, 10, 145:1~2,8~9,13, 146:10, 147:19~20, 148:14, 149:2,9, 150:6

2과

모세오경:
하나님 나라의 시작(원리)

구약 전체를 조망했다면, 이제 모세오경(창세기, 출애굽기, 레위기, 민수기, 신명기)으로 들어가 보라. 이 다섯 권의 책은 사실 한 권의 책이라 불러도 무방하다. 실제로 이 책은 히브리 구약 성경의 전통에서 소선지서 12권과 더불어 한 번도 분리되거나 순서가 바뀐 적이 없다. 모세오경은 하나님께서 부르신 백성이자 아브라함의 후손인 이스라엘에 관심을 집중한다. 그들은 하나님의 언약 백성이 되어 땅을 약속받는다. 그 땅에 대한 믿음이 아브라함, 이삭, 야곱, 요셉, 모세, 여호수아에게로 이어진다. 동시에 그들에게는 그 땅에서 하나님의 주권을 인정하며 살아가기 위한 계명들이 주어진다. 이 하나님 나라의 원리를 밝히는 것이 모세오경의 목적이다.

모세오경의 내용 분해

모세오경은 크게 하나님께서 창조한 세상이 어떻게 지금과 같은 세상이 되었는지에 대한 기원을 설명하는 부분과(창세기 1~11장), 에덴에서 쫓겨난 인류가 살아가는 이 세상에 어떻게 하나님 나라가 세워지고 발전해 나갔는지를 기록한 부분으로 나뉜다(창세기 12장~신명기).

1. 하나님 나라의 원리와 필요성: 창세기 1~11장

모세오경의 전반부인 창세기 1~11장은 하나님 나라의 원리를 제시함과 동시에 하나님 나라가 우리에게 왜 필요한지를 알려준다.

하나님의 백성 아담과 하와는 선악과를 먹지 말라는 명령을 어기고 하나님의 통치를 거부한다. 결국 하나님의 주권을 지키지 못한 아담과 하와는 에덴동산에서 쫓겨났다. 쫓겨난 인류는 하나님께 반역하는 길로 나아간다. 에덴동산에서의 실패는 지금 우리가 사는 이 세상에서 하나님 나라의 복음이 필요한 이유가 된다. 가인의 후예들은 열심히 세상 나라를 만들어 갔다. 세상 나라의 핵심은 인간이 자신을 높이는 것이다. 그것은 바벨탑이 의미하는 바이다. 그러나 하나님께서는 언어를 흩으심으로 인간의 모든 시도를 막으셨다. 그리고 역사의 한편에서 아브라함 자손을 통해 하나님 나라의 사역을 새롭게 시작하신다.

다음의 말씀을 통해 하나님 나라의 원리와 필요성을 성경이 어떻게 제시하는지 정리해 보라.

"[15]여호와 하나님이 그 사람을 이끌어 에덴 동산에 두어 그것을 경작하며 지키게 하시고 [16]여호와 하나님이 그 사람에게 명하여 이르시되 동산 각종 나무의 열매는 네가 임의로 먹되 [17]선악을 알게 하는 나무의 열매는 먹지 말라 네가 먹는 날에는 반드시 죽으리라 하시니라"
_〈창세기〉 2:15~17

"여호와 하나님이 에덴 동산에서 그를 내보내어 그의 근원이 된 땅을 갈게 하시니라"_〈창세기〉 3:23

"[16]가인이 여호와 앞을 떠나서 에덴 동쪽 놋 땅에 거주하더니 [17]아내와 동침하매 그가 임신하여 에녹을 낳은지라 가인이 성을 쌓고 그의 아들의 이름으로 성을 이름하여 에녹이라 하니라"_〈창세기〉 4:16~17

"[1]온 땅의 언어가 하나요 말이 하나였더라 [2]이에 그들이 동방으로 옮기다가 시날 평지를 만나 거기 거류하며 [3]서로 말하되 자, 벽돌을 만들어 견고히 굽자 하고 이에 벽돌로 돌을 대신하며 역청으로 진흙을 대신하고 4또 말하되 자, 성읍과 탑을 건설하여 그 탑 꼭대기를 하늘에 닿게 하여 우리 이름을 내고 온 지면에 흩어짐을 면하자 하였더니"
_〈창세기〉 11:1~4

2. 하나님 나라의 원리: 창세기 12장 ~ 신명기

하나님께서는 인류 구원의 목적을 갖고 하나님 나라를 다시 세우는 것을 계획하셨다. 그 구원의 계획을 위해 하나님께서는 아브라함을 부르셔서 언약을 맺으셨다. 그 언약은 아브라함과 아브라함의 후손 이스라엘을 하나님의 백성으로 선택하시고 그들에게 땅을 주신다는 것이다. 그 약속의 땅 가나안으로 아브라함을 인도하셨고 이스라엘에게 그 땅을 주실 것을 약속하셨다. 이후 하나님께서는 이스라엘과 언약을 맺으며 하나님의 율법을 계시하신다. 이 율법에 순종하며 하나님의 말씀에 순종하는 삶을 살아갈 때 하나님께서 주신 가나안 땅에서 축복의 삶을 살게 될 것을 약속하신다.

하나님께서는 타락한 인류를 구원하시기 위해 아브라함을 선택하신다. 하나님께서 아브라함을 통해 계시하신 하나님 나라의 모습은 어떠한지 다음의 말씀과 도표를 참고하여 정리해 보라.

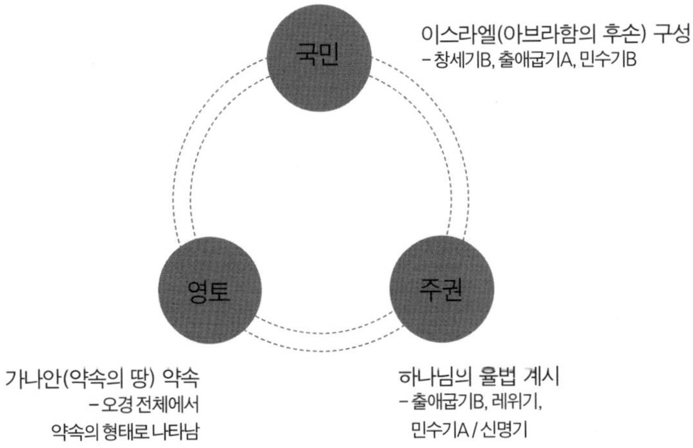

〈하나님 나라의 원리〉

“1여호와께서 아브람에게 이르시되 너는 너의 고향과 친척과 아버지의
집을 떠나 내가 네게 보여 줄 땅으로 가라 2내가 너로 큰 민족을 이루고
네게 복을 주어 네 이름을 창대하게 하리니 너는 복이 될지라”

_〈창세기〉 12:1~2

하나님 나라의 새 백성으로 아브라함이 선택되며, 아브라함의 후손에게는 땅이 약속으로 주어진다. 그 땅을 통해 하나님 나라는 천하 만민으로 확대될 것이다. 아브라함의 후손은 요셉을 통해 애굽으로 이주하여 크게 번성한다. 하지만 그들은 홍해를 건너 구원을 경험했음에도 하나님 나라의 비전을 소망하지 못하고 광야에서 대부분 죽었다. 그후 그들의 후손들이 가나안에 들어갈 준비를 한다. 시내산과 모압 평원에서 총

2차에 걸쳐 그들에게 율법이 주어진다. 이 율법을 준수하는 것은 그들이 하나님 나라의 백성으로서 하나님의 주권을 인정하고 살아가는 것을 의미한다. 하나님의 주권을 인정하는 여부가 하나님의 백성 이스라엘의 미래를 좌우할 것이다.

다음의 도표를 참고하여 모세오경 후반부에 아브라함에게 약속하신 하나님 나라가 구체적으로 어떻게 형성되는지, 그 과정을 정리해 보라.

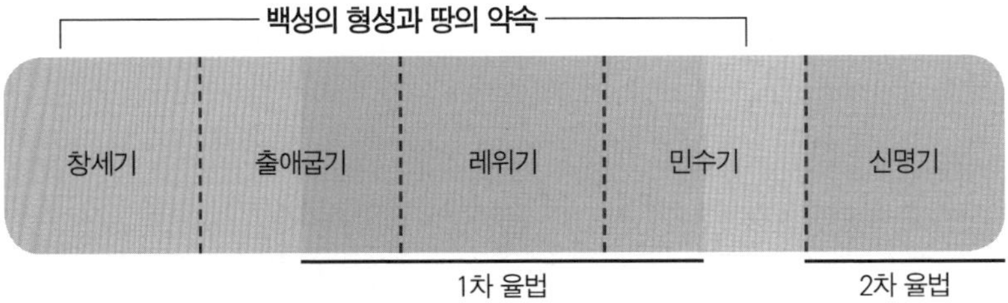

〈모세오경 속 하나님 나라〉

하나님 나라로 모세오경 관통

다음의 도표는 모세오경 전체를 정리한 것이다. 핵심 말씀을 참고하여 하나님 나라의 관점으로 모세오경의 각 권을 정리해 보라.

모세오경: 하나님 나라의 시작
● **하나님 나라의 원리와 필요성** : 창세기A ● **하나님 나라의 시작(원리)** • 국민 : 이스라엘(아브라함의 후손) – 창세기, 출애굽기A, 민수기B • 영토 : 가나안(약속의 땅) – 오경 전체에서 약속의 형태로 나타남 • 주권 : 하나님의 율법 – 출애굽기B, 레위기, 민수기A / 신명기

1. 창세기: 하나님 나라의 원리와 시작

"15여호와 하나님이 그 사람을 이끌어 에덴 동산에 두어… 16이르시되
동산 각종 나무의 열매는 네가 임의로 먹되 17선악을 알게 하는 나무의
열매는 먹지 말라"_〈창세기〉 2:15~17

1~11장	
12~50장	

2. 출애굽기: 하나님 백성의 구원과 시내산 언약

"5너희가 내 말을 잘 듣고 내 언약을 지키면 너희는 모든 민족 중에서
내 소유가 되겠고 6너희가 내게 대하여 제사장 나라가 되며 거룩한 백
성이 되리라"_〈출애굽기〉 19:5b~6a

1~18장	
19~40장	

3. 레위기: 하나님 주권의 상징, 율법

"이것은 여호와께서 시내 산에서 자기와 이스라엘 자손 사이에 모세를 통하여 세우신 규례와 법도와 율법이니라"_〈레위기〉 26:46

1~10장	
11~17장	
18~27장	

4. 민수기: 하나님 나라 백성의 방황

"22내 영광과 애굽과 광야에서 행한 내 이적을 보고서도 이같이 열 번

이나 나를 시험하고 내 목소리를 청종하지 아니한 그 사람들은 [23]내가 그들의 조상들에게 맹세한 땅을 결단코 보지 못할 것이요"

_〈민수기〉 14:22~23

1~10장	
11~25장	
26~36장	

5. 신명기: 다시 받은 하나님 주권의 상징

"호렙에서 이스라엘 자손과 세우신 언약 외에 여호와께서 모세에게 명령하여 모압 땅에서 그들과 세우신 언약의 말씀은 이러하니라"

_〈신명기〉 29:1

1~3장	
4~11장	
12~26장	
27~34장	

6. 지리적 배경으로 본 모세오경

하나님께서는 에덴동산에서 쫓겨난 인류 중에서 갈대아 우르에 있는 아브라함을 택하셨다. 그로 하여금 하란을 지나 가나안으로 가서 살게 하셨다. 아브라함의 후손들은 요셉을 통해 애굽으로 이주하였고, 거기서 번성하여 민족을 이루었다. 그후 모세의 인도 하에 출애굽 하여 시내산에서 언약을 체결하고 율법을 받는다. 그리고 광야를 지나 가나안으로 들어가야 했지만, 하나님 나라의 비전을 소망하지 못하여 광야에서 총 40여 년 동안 방랑생활을 한다. 이후 새 세대가 요단 동편을 정복하고 모압 평지에서 가나안 땅에서 지켜야 할 규례를 받는다. 모세가 죽은 후 여호수아와 함께 가나안 정복을 준비한다.

다음의 지도에서 번호대로 모세오경의 이야기를 하나님 나라의 관점으로 정리해 보라.

〈지리적 배경으로 본 모세오경〉

TIP

갈대아 우르

'갈대아'는 티그리스와 유브라데 두 강의 하류에 위치한 바벨론과 페르시아만 사이의 주변 지역을 통칭하는 표현이며, 그 갈대아 지역의 대표적인 성읍이 우르이다(창 11:28, 31). B.C. 1000년경 갈대아인들이 이곳에 거주하면서부터 갈대아 우르라고 불리게 되었다. 우르는 산업과 종교의 중심지로 아브라함이 살던 당시 대단한 번영을 누리고 있었다(창 11:28).

하란

북부 메소포타미아에 있던 고대의 도시이다(창 11:31~32). 유브라데 강의 북쪽 지류인 발릭 강 유역에 위치한 이곳은, 메소포타미아의 다른 도시들과 애굽과 소아시아를 연결하는 중요한 지리적 위치 때문에 무역이 성행하였다(겔 27:33). 데라와 아브라함의 일가가 갈대아 우르를 떠나 가나안으로 들어가기 전에 머물렀던 곳이다(창 11:31).

7. 모세오경의 핵심과 결론

모세오경의 결론은 하나님의 백성이 하나님께서 주시는 땅에서 하나님의 주권을 지키며 살아가야 한다는 것이다. 에덴동산에서 하나님의 주권을 인정하지 못하고 쫓겨난 것은 이후 이스라엘 백성의 운명의 모형

이 된다. 그러므로 만약 이스라엘 백성이 하나님의 말씀에 순종한다면 하나님께서 주신 땅에서 번성하게 될 것이며, 하나님 나라가 온 세계로 확장될 것이다. 하지만 하나님의 주권을 지키지 않고 불순종하며 자신들의 생각대로 살아간다면, 하나님의 백성은 약속된 축복을 누리지 못하게 되며 땅을 빼앗기게 될 것이다.

다음의 말씀은 이스라엘의 새로운 세대를 향한 모세의 마지막 당부이다. 이 말씀은 모세오경의 결론을 말해준다. 그것이 무엇인지 정리해 보라.

> "내가 오늘 명하는 모든 명령을 너희는 지켜 행하라 그리하면 너희가 살고 번성하고 여호와께서 너희의 조상들에게 맹세하신 땅에 들어가서 그것을 차지하리라"_〈신명기〉 8:1

이 과의 핵심 정리

1. 모세오경은 두 부분으로 나눌 수 있다. 창세기 1~11장은 하나님 나라의 원리와 필요성을 제시한다. 창세기 12장~신명기는 하나님 나라의 시작을 보여준다. 하나님께서 백성을 택하시고 영토를 약속하시며 율법을 주신다.
2. 모세오경의 결론은 하나님께서 주신 땅에서 하나님의 주권을 인정할 때 복을 받는다는 것이다. 반대로 하나님의 주권을 인정하지 않을 때는 에덴동산의 모습과 마찬가지로 하나님께서 주신 땅에서 저주받고 쫓겨나게 된다.

이번 주 과제

하나님 나라 관점으로 뽑은 핵심 말씀을 성경에 체크하며 읽기

성경	범위	핵심 말씀
잠언	1~10장	1:7,23, 2:4~5, 3:5~6, 4:6~7, 5:1~2, 6:16~19, 7:1~2, 8:10~11, 9:9~10, 10:29
	11~20장	11:30, 12:12, 13:18, 14:2, 15:33, 16:20, 17:24, 18:12, 19:16, 20:10
	21~31장	21:3, 22:1, 23:4~5, 24:14, 25:26, 26:12, 27:2, 28:4~5, 29:18, 30:8~9, 31:10
전도서	1~12장	1:2, 2:11, 3:11, 4:4, 5:7,10, 6:2, 7:19, 8:14,17, 9:11,16, 10:12, 11:9, 12:1,13~14
아가	1~8장	1:2, 2:10, 3:1, 4:10, 5:8, 6:3, 7:10, 8:6~7
이사야	1~11장	1:2~3, 2:3,6, 3:13~14, 4:2, 5:1~2,23, 6:9,12~13, 7:17, 8:7~8, 9:6~7,16~17, 10:5, 11:1~2
	12~22장	12:2, 13:1, 14:22,25,29, 15:1, 16:6, 17:1,9~10, 18:1, 19:1,23, 20:3~4, 21:13, 22:1,9~11
	23~33장	23:9, 24:3~5, 25:2~3, 26:2~3, 27:9, 28:16, 29:1,13, 30:12~13,18, 31:1, 32:1,15~17, 33:5~6,22
	34~44장	34:8~9, 35:8~9, 36:1, 37:6~7, 38:2~3, 39:6, 40:10~11, 41:14~15, 42:1, 43:1,18~19, 44:28
	45~55장	45:22, 46:12~13, 47:10~11, 48:10~11, 49:8, 50:4, 51:7~8, 52:7, 53:5~6, 54:7~8, 55:1~3
	56~66장	56:6~8, 57:15, 58:9~11, 59:20~21, 60:21~22, 61:1~3, 62:4, 63:16~17, 64:1~2, 65:17~18, 66:18,22~23

3과

역사서:
하나님 나라의 발전 과정

역사서는 모세오경의 연장이며, 모세오경에서 제시된 하나님 나라의 원리가 이스라엘의 역사에 어떻게 적용되었는지를 보여주는 부분이다. 즉 이스라엘의 역사 속에서 '하나님 나라의 발전 과정'을 추적한 책들이다. 하나님 나라 원리의 실제를 배우며 신앙생활에 적용할 수 있는 매우 소중한 부분이라고 하겠다. 우선 역사서는 크게 두 부분, 역사서I(여호수아~열왕기하)과 역사서II(역대상~에스더)로 나눌 수 있다.

역사서I: 여호수아, 사사기, 룻기, 사무엘상하, 열왕기상하

역사서I은 여호수아에서 열왕기하까지이다. 이 부분은 하나님 나라의 원리가 실제로 어떻게 적용되는지 보여준다. 즉 하나님 나라의 주권이 인정되면 번성하고, 하나님 나라의 주권이 거부되면 땅을 빼앗기며 멸망한다.

역사세에서 보여주고자 하는 하나님 나라의 원리를 한 문장으로 정리해 보라.

위의 하나님 나라의 법칙을 적용하여 여호수아, 사사기, 룻기, 사무엘, 열왕기를 다음 도표의 빈칸에 적절하게 배치해 보라.

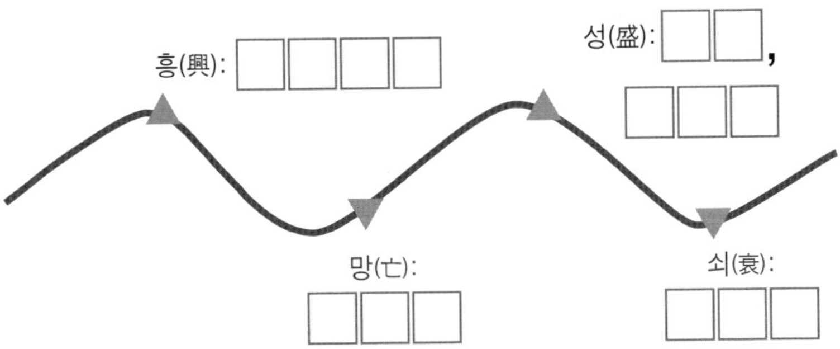

1. 여호수아

땅을 정복하는 데 필수적인 사항은 바로 하나님 말씀에 순종하는 것이다. 여호수아 이후의 세대들 역시 이 원리를 지키며 계속 땅을 정복해 나가야 한다. 또한 새로 얻은 땅에서 하나님만을 섬겨야 땅에서 복을 얻을 수 있다.

다음의 말씀을 읽고, 여호수아에서 하나님 나라 원리가 어떻게 적용되었는지 정리해 보라.

> “7오직 강하고 극히 담대하여 나의 종 모세가 네게 명령한 그 율법을 다 지켜 행하고 우로나 좌로나 치우치지 말라 그리하면 어디로 가든지 형통하리니 8이 율법책을 네 입에서 떠나지 말게 하며 주야로 그것을 묵상하여 그 안에 기록된 대로 다 지켜 행하라 그리하면 네 길이 평탄하게 될 것이며 네가 형통하리라”_〈여호수아〉 1:7~8

2. 사사기

이스라엘은 남은 땅을 정복하라는 하나님의 명령에 순종하지 않고 안주했다. 그리고 가나안 거민들의 풍습을 받아들였다. 결국 이스라엘은 우상숭배의 길로 빠졌다. 계속해서 죄와 징계가 반복되었고 사사를 통해 구원을 얻기도 했지만, 이스라엘은 하나님 나라의 사명을 잃어갔다.

다음의 말씀을 읽고, 사사기에서 하나님 나라의 원리가 어떻게 적용되었는지 정리해 보라.

"[1]내가 너희를 애굽에서 올라오게 하여 내가 너희의 조상들에게 맹세한 땅으로 들어가게 하였으며 또 내가 이르기를 내가 너희와 함께 한 언약을 영원히 어기지 아니하리니 [2]너희는 이 땅의 주민과 언약을 맺지 말며 그들의 제단들을 헐라 하였거늘 너희가 내 목소리를 듣지 아니하였으니 어찌하여 그리하였느냐 [3]그러므로 내가 또 말하기를 내가 그들을 너희 앞에서 쫓아내지 아니하리니 그들이 너희 옆구리에 가시가 될 것이며 그들의 신들이 너희에게 올무가 되리라 하였노라"_〈사사기〉 2:1b~3

3. 룻기, 사무엘상하

하나님을 사랑하고 이웃을 사랑하라는 하나님의 뜻에 순종한 룻과 보아스는 이웃을 향해 각자가 맡은 믿음의 책임을 다했고, 이를 통해 이스라엘 공동체가 회복될 소망이 싹튼다. 이들 부부를 통해 다윗에게서 예수께로 흘러가는 계보가 이어진다.

룻기에서 하나님 나라의 원리는 어떻게 적용되었는가?

사무엘이 주도한 회개운동을 통해 이스라엘은 사사기의 오랜 우상숭배에서 벗어난다. 다윗은 왕이 된 후 궤를 예루살렘으로 가져오고 하나님을 위해 성전건축을 계획한다. 하나님의 주권을 인정하고 정의와 공의를 행하는 다윗을 하나님께서는 어디로 가든 이기게 하셨다. 이 두 사람을 통해 이스라엘은 번영을 누린다.

사무엘상하에서 사무엘과 다윗을 통해 이스라엘은 회복된다. 다음의 말씀을 읽고, 이 두 인물을 통해 하나님 나라의 원리가 어떻게 적용되었는지 정리해 보라.

"3사무엘이 이스라엘 온 족속에게 말하여 이르되 만일 너희가 전심으로 여호와께 돌아오려거든 이방 신들과 아스다롯을 너희 중에서 제거하고 너희 마음을 여호와께로 향하여 그만을 섬기라 그리하면 너희를 블레셋 사람의 손에서 건져내시리라 4이에 이스라엘 자손이 바알들과 아스다롯을 제거하고 여호와만 섬기니라"_〈사무엘상〉 7:3~4

"1여호와께서 주위의 모든 원수를 무찌르사 왕으로 궁에 평안히 살게 하신 때에 2왕이 선지자 나단에게 이르되 볼지어다 나는 백향목 궁에 살거늘 하나님의 궤는 휘장 가운데에 있도다"_〈사무엘하〉 7:1~2

4. 열왕기상하

다윗을 이어 왕권을 계승한 솔로몬 이후 이스라엘은 번영을 지속하지 못하고 쇠퇴의 길로 접어든다. 솔로몬은 노년에 하나님을 떠났고, 나라는 둘로 갈라지고 말았다. 북이스라엘의 왕인 여로보암은 우상숭배의 길로 가게 되고, 이에 여로보암의 왕조는 오래가지 못한다. 약 다섯 번에 걸친 왕조 교체와 피의 역사 끝에 심각한 우상숭배를 일삼았던 북이스라엘은 결국 남유다보다 먼저 앗수르에 멸망하고 만다. 남유다는 간헐적으로 선한 왕들의 개혁이 있기는 했지만, 하나님의 주권을 인정하지 못한 결과로 바벨론에 의해 멸망한다.

열왕기상하에서 하나님 나라의 원리는 어떻게 적용되었고, 이스라엘의 운명은 어떻게 되었는지 다음의 말씀을 읽고 정리해 보라.

"9솔로몬이 마음을 돌려 이스라엘의 하나님 여호와를 떠나므로 여호와
께서 그에게 진노하시니라 여호와께서 일찍이 두 번이나 그에게 나타
나시고 10이 일에 대하여 명령하사 다른 신을 따르지 말라 하셨으나 그
가 여호와의 명령을 지키지 않았으므로 11여호와께서 솔로몬에게 말씀

하시되 네게 이러한 일이 있었고 또 네가 내 언약과 내가 네게 명령한 법도를 지키지 아니하였으니 내가 반드시 이 나라를 네게서 빼앗아 네 신하에게 주리라"_〈열왕기상〉 11:9~11

"[33]여로보암이 이 일 후에도 그의 악한 길에서 떠나 돌이키지 아니하고 다시 일반 백성을 산당의 제사장으로 삼되 누구든지 자원하면 그 사람을 산당의 제사장으로 삼았으므로 [34]이 일이 여로보암 집에 죄가 되어 그 집이 땅 위에서 끊어져 멸망하게 되니라"_〈열왕기상〉 13:33~34

역사서II: 역대상하, 에스라, 느헤미야, 에스더

역사서II는 멸망당한 유다 공동체에 잃어버린 소망을 불어넣기 위해 기록된 책으로, 하나님께서는 여전히 계속되는 하나님 나라의 증거를 보여 주신다. 비록 멸망했지만 회개하면 회복의 은총이 하나님 나라 백성에게 임한다.

역사서II에 흐르는 하나님 나라의 원리는 무엇인지 한 문장으로 정리해 보라.

다음의 도표는 위의 원리를 토대로 역사서II 각 권의 주제를 표현한 것이다. 이 도표를 보면서 역사서II의 각 권에 하나님 나라의 원리가 어떻게 적용되었는지 정리해 보라.

다윗왕조 보존 : 역대상하 → **성전재건** : 에스라 → **성벽재건** : 느헤미야 → **백성보존** : 에스더

〈하나님 나라를 지배하는 은총〉

1. 역대상하

역대상은 창조에서부터 다윗까지 이어진 하나님 나라의 역사를 추적하고 다윗에 의하여 번성했던 하나님 나라의 주권을 보여준다. 또한 하나님께서 어떻게 다윗과 솔로몬 시대에 은혜를 베푸셨는지 기억하게 하며 소망을 준다. 반면 역대하는 비록 멸망했지만 다시 회개할 때 하나님의 은총이 있음을 보여주면서 고레스의 칙령을 소개하는 것으로 끝을 맺는다. 이를 통해 하나님께서는 여전히 하나님의 백성에게 은혜를 베푸시고 있다는 사실을 확신한다.

TIP

페르시아 왕 고레스

페르시아(바사)의 초대 왕이다(B.C. 559~530). 메대 바사를 통일하고 바벨론을 정복하여 페르시아 제국을 세웠다. 고레스의 정복정책은 앗수르와는 달리 정복 민족의 전통을 존중하고 종교의 자유도 인정하였다(스 1:3~4). 이러한 정책의 일환으로 바벨론 포로였던 이스라엘 백성을 이스라엘로 귀환하게 했으며, 성전도 재건축하도록 허락했다(스 1:2~4).

2. 에스라와 느헤미야

페르시아 왕 고레스의 칙령으로 귀환한 이스라엘 백성은 스룹바벨의 지도 아래 성전을 재건하고, 이후 느헤미야는 성벽을 재건한다. 성전과 성벽의 재건은 에스라의 말씀 사역을 통해 하나님 백성의 공동체가 회복하는 역사로 이어진다. 이스라엘 백성은 이제 예루살렘에 거주하며 신앙 개혁에 박차를 가하게 된다.

3. 에스더

이스라엘에 새로운 성전이 건축되고 공동체가 회복되어 가는 중에 본국으로 돌아오지 못하고 페르시아에서 변방인으로 살던 이스라엘 백성은 하나님의 놀라운 은혜로 보호 받는다. 이 사건으로 유대인들은 하나님께서 여전히 하나님의 백성을 보호하시고 그들을 통해 하나님의 나라를 세워 가실 것이라는 소망을 갖게 되었다.

비록 이스라엘은 하나님 나라의 번성을 이어가지 못했지만 하나님은 이후 예수 그리스도를 통해 성취하실 하나님 나라를 위해 이스라엘에 은총을 베푸시고 그들을 존속시키신다. 결국 역사서II는 포기하지 않고 새 역사를 이루시는 은총의 발자취를 기록한 것이다. 하나님이 세우신 하나님 나라 다윗의 왕조는 예수 그리스도를 향해 달려가고 있다.

역대기III는 실패한 이스라엘을 다시 회복시키고 하나님 나라를 계속해서 완성해 가는 하나님의 역사가 기록되어 있다. 이러한 역대기III의 하나님 나라 방향은 어디로 이어질 것인가?

하나님 나라로 역사서 관통

다음은 역사서 전체를 하나님 나라의 관점으로 정리한 것이다.

역사서 : 하나님나라의 발전 과정	
역사서 1	하나님나라의 통치법칙(레위기 26, 신명기 28) 흥(여호수아) - 망(사사기) - 성(룻기, 사무엘상하) - 쇠(열왕기상하)
역사서 2	은총으로 지속되는 하나님나라(창세기 18:18 / 역대하 7:7~18) 다윗왕조 보존(역대기상하) - 성전 재건(에스라) - 성벽 재건(느헤미야) - 백성 보존(에스더)

하나님 나라의 관점으로 역사서 각 권을 정리해 보라.

① 여호수아

1~12장	
13~21장	
22~24장	

② 사사기

1~2장	
3~16장	

17~21장	

③ 룻기

1~4장	

④ 사무엘상

1~15장	
16~31장	

⑤ 사무엘하

1~20장	
21~24장	

⑥ 열왕기상

1~11장	
12~16장	
17~22장	

⑦ 열왕기하

1~13장	
14~17장	
18~25장	

⑧ 역대상

1~9장	
10~29장	

⑨ 역대하

1~9장	
10~36장	

⑩ 에스라

1~6장	
7~10장	

⑪ 느헤미야

1~7장	
8~13장	

⑫ 에스더

1~10장	

이 과의 핵심 정리

1. 역사서I은 하나님 나라의 통치 법칙이 적용된 모습을 보여준다. 이스라엘이 흥하고 망하는 원리는 하나님의 주권이 인정되고 율법을 순종하는지의 여부에 달려 있다.
2. 역사서II는 이스라엘의 실패에도 여전히 하나님 나라를 이루시는 역사이다. 하나님은 다시 회개하고 돌이키는 하나님의 백성을 회복시키신다.

이번 주 과제

하나님 나라 관점으로 뽑은 핵심 말씀을 성경에 체크하며 읽기

성경	범위	핵심 말씀
예레미야	1~13장	1:13~14, 2:7~8, 3:2~3, 4:3~4, 5:19, 6:19, 7:4~7, 8:9~10, 9:12~14, 10:10~11, 11:10~11, 12:1,14, 13:9~10
	14~26장	14:11~12, 15:3~4, 16:10~11, 17:3~4, 18:11~12, 19:15, 20:1~2, 21:7~8, 22:3~5, 23:5~6,16, 24:5,8, 25:4,11, 26:8~9
	27~39장	27:21~22, 28:14~15, 29:10~11, 30:3, 31:1, 31,33, 32:7~9, 32:38~40, 33:14~16, 34:2,17~20, 35:16~17, 36:27~28, 37:13~14, 38:17~18, 39:11~12
	40~52장	40:7,9, 41:2~3, 42:11~12, 43:4,7, 44:11~12, 45:5, 46:13, 47:1, 48:1, 49:2, 50:29, 51:2, 52:2~3
예레미야 애가	1~5장	1:1, 2:3, 3:19~22, 4:6, 5:21
에스겔	1~12장	1:3, 2:3~4, 3:6~7, 4:1~3, 5:5~6, 6:9~10, 7:3~4, 8:3, 9:4, 10:18~19, 11:11~12, 12:16
	13~24장	13:6~7, 14:3~4, 15:7, 16:30,60, 17:12~15, 18:5~9, 19:1, 20:33,41~43, 21:7, 22:13~14, 23:5,11, 24:11~14
	25~36장	25:6~7, 26:2, 27:2, 28:6~7, 29:3, 30:24, 31:10~11, 32:15~16, 33:28~29, 34:23~25, 35:15, 36:26~28
	37~48장	37:11~12,24~27, 38:18, 39:21~24, 40:2, 41:1, 42:1, 43:4~5, 44:4, 45:1,9~10, 46:3, 47:1,12, 48:35

4과

시가서:
하나님 나라 백성의 경험과 지혜

시가서는 하나님의 백성이 하나님을 경험하며 살아가는 가운데 얻은 지혜들을 시와 노래 등의 문학 형태로 기록한 책이다. 시가서를 단순하게 지혜의 모음집이나 감정의 표출로 보아서는 안 된다. 하나님의 백성이 하나님께서 주신 땅에서 하나님의 주권을 인정하며 살아가는 과정에서 때로는 실패하고 때로는 성공하며 겪는 모든 경험의 총합을 기록한 것이 시가서이다.

하나님 나라로 시가서 관통

시가서는 욥기, 시편, 잠언, 전도서, 아가로 이루어져 있다. 말씀과 도표들을 참조하여 하나님 나라의 관점으로 각 권의 내용과 의미를 정리해 보길 원한다.

1. 욥기: 하나님 나라 백성의 고난과 인간의 지혜의 한계

"무지한 말로 이치를 가리는 자가 누구니이까 나는 깨닫지도 못한 일을 말하였고 스스로 알 수도 없고 헤아리기도 어려운 일을 말하였나이다"_〈욥기〉 42:3

욥기는 하나님 나라 백성이 당하는 고난의 문제를 통해 인간의 지혜가 얼마나 한계가 있는지를 보여준다. 특히 욥의 고난을 놓고 변론하는 엘리바스, 빌닷, 소발, 엘리후를 통해 인간의 지식이 얼마나 한계가 있는지를 말해준다. 시가서는 지혜보다 지혜에 접근하는 인간의 한계를 먼저 다루고 있다. 이로써 온전히 하나님의 주권을 인정하는 태도를 심어주고 있다.

2. 시편: 하나님 나라 백성의 다양한 신앙 경험

"그가 높은 곳에서 손을 펴사 나를 붙잡아 주심이여 많은 물에서 나를 건져내셨도다"_〈시편〉 18:16

〈다양한 주제에 따른 시편 분류〉

감사시	8, 9, 29, 33, 65, 67, 81, 92, 103, 104, 105, 107, 111, 113, 114, 115, 117, 124, 131, 134, 135, 136, 145, 146, 147, 148, 149, 150
찬양시	18, 21, 23, 30, 34, 40, 46, 48, 66, 68, 75, 76, 84, 85, 91, 106, 108, 116, 118, 138, 139
개인 애가	3, 4, 5, 7, 10, 13, 17, 25, 26, 27, 28, 31, 35, 54, 55, 56, 57, 59, 61, 62, 63, 64, 69, 70, 71, 77, 83, 86, 88, 94, 102, 123, 140, 141, 142
민족 애가	44, 60, 74, 79, 80, 90
참회시	6, 32, 38, 39, 51, 130, 143
메시아 시편	2, 16, 22, 24, 45, 72, 110
기타	1, 11, 12, 14, 15, 19, 20, 36, 37, 41, 42, 43, 47, 49, 50, 52, 53, 58, 73, 78, 82, 87, 89, 93, 95, 96, 97, 98, 99, 100, 101, 109, 112, 119, 121, 122, 125, 126, 127, 128, 129, 132, 137, 144

시편은 감사, 기쁨, 슬픔, 고난, 지혜의 율법, 메시아 시편 등 다양한 주제의 시가 묶인 책이며, 다윗을 비롯해 수많은 저자의 시가 기록되어 있다. 시편은 그야말로 다양한 경험과 그 경험에 대한 신앙적인 감정을 표현하였다. 때로는 기쁨으로, 감사로, 슬픔과 좌절로, 간절함으로, 적개심으로, 감탄으로 시편의 기자는 하나님을 찬양한다.

3. 잠언: 하나님을 경외하는 지혜와 지혜의 실제

"여호와를 경외하는 것이 지혜의 근본이요 거룩하신 자를 아는 것이 명철이니라"_〈잠언〉 9:10

잠언은 지혜의 문제를 다룬다. 잠언의 초반부는 지혜를 의인화하여 지혜의 소중함을 이야기한다(1~9장). 하나님 나라 백성의 지혜는 하나님을 경외하는 것에서 나온다는 것이 잠언의 주제이며, 그에 따라 삶의 모든 순간에 적용될 수 있는 하나님 나라 백성의 지혜로운 처신들에 대해 실로 엄청나게 다양한 잠언들이 정리되어 있다.

4. 전도서: 하나님 나라 백성의 진정한 가치

"일의 결국을 다 들었으니 하나님을 경외하고 그의 명령들을 지킬지어다 이것이 모든 사람의 본분이니라"_〈전도서〉 12:13

전도서는 가치의 문제를 다룬다. 돈, 일, 성공, 결혼, 행복, 집, 쾌락 등 이 세상 사람들이 따르는 가치는 수없이 많다. 전도서는 하나님 나라의 관점으로 이 모든 것의 가치를 평가한다. 세상의 모든 것이 가진 가치는 결국 한 단어로 표현되는데, 바로 '헤벨'이다. '헤벨'은 수증기, 연기, 안개 등을 뜻하는 단어이다. '헛되다'라고 번역된 이 단어는 하나님을 경외하는 것 이외에 이 세상의 모든 것이 곧 사라질 안개와 같음을 분명히 밝힌다. 세상의 것들은 우리가 생각하는 것만큼 가치 있는 것이 아니다. 우리가 가치를 두어야 할 것은 바로 하나님의 나라이다.

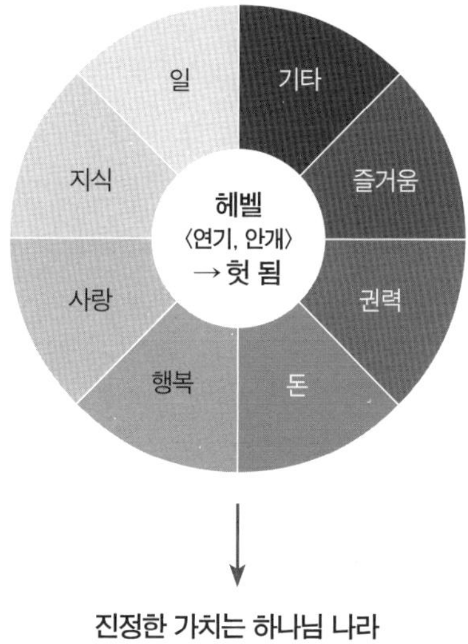

5. 아가: 하나님 나라 백성의 진정한 사랑

> "많은 물도 이 사랑을 끄지 못하겠고 홍수라도 삼키지 못하나니 사람이 그의 온 가산을 다 주고 사랑과 바꾸려 할지라도 오히려 멸시를 받으리라"_〈아가〉 8:7

아가는 사랑의 문제를 다룬다. 아가에 기록된 솔로몬과 술람미 여인의 사랑은 성경 속에서 신학적 해석을 요청한다. 이 두 주인공의 사랑은 그리스도께서 피로 사신 교회와 그리스도와의 관계를 비유하는 것이다. 또한 이 사랑의 모습은 하나님의 백성에게도 요청된다. 하나님 나라 백성은 하나님을 사랑해야 하고 이웃을 사랑해야 한다. 무엇이 진정한 사랑이며, 진정한 사랑은 어떻게 이루어져야 하는가? 하나님 나라 백성의 사랑은 순결하고 간절하며 배타적인 사랑이어야 한다.

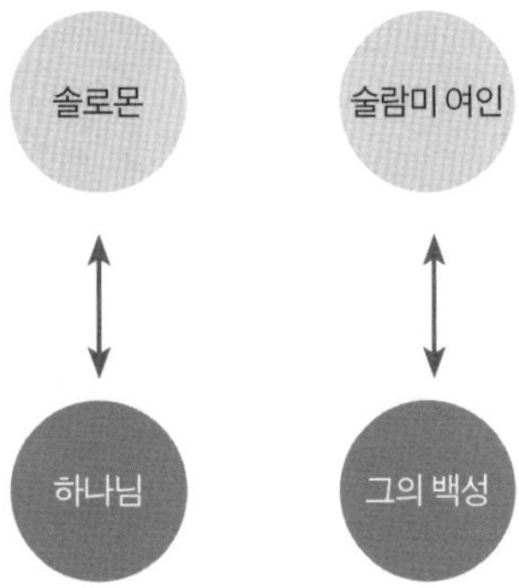

TIP

술람미 여인

술림미는 솔로몬이 사랑했던 술람미 여자가 살던 마을로, 수넴과 동일한 곳으로 본다. 또한 술람미를 '솔로몬의 여자, 솔로몬의 신부'를 가리킨다고 보는 견해들도 있다.

시가서: 하나님 나라 백성의 경험과 지혜	
욥기	
시편	
잠언	
전도서	
아가	

하나님 나라의 관점으로 시가서 주제 정리

시가서 각 권의 내용을 구체적으로 정리해 보라.

① 욥기

1~2장	
3~37장	
38~41장	
42장	

② 시편

1권: 1~41편	
2권: 42~72편	
3권: 73~89편	
4권: 90~106편	
5권: 107~150편	

③ 잠언

1~9장	
10~24장	
25~29장	

30~31장	

TIP

아굴

아게의 아들이며, 잠언 30장의 지은이 혹은 편집자이다. 아굴을 솔로몬, 현자, 르무엘 왕의 형제 등으로 보는 여러 가지 견해가 있지만 정확히 누구였는지는 알 수 없다.

르무엘 왕

잠언 31장을 지은 왕이다. 르무엘 왕이 누구였는지 정확히 알 수는 없지만, 솔로몬의 다른 이름일 것으로 추측하는 견해들이 많다.

④ 전도서

1~8장	
9~12장	

⑤ 아가

1~4장	
5~8장	

시가서의 결론

시가서는 '지혜서'라고도 부른다. 하나님의 주권을 인정하며 살아야 하는 이스라엘 백성은 다양한 삶의 정황 속에서 하나님을 찾았다. 때로는 하나님의 주권을 인정하며 구원의 기쁨도 누렸지만, 하나님의 주권을 거부하며 고통과 시련의 시간을 보내기도 했다. 하나님의 백성으로 당하는 고난 때문에 혼란을 겪기도 했다. 그 풍성한 삶의 경험 속에서 인생에 대한 지혜가 탄생했다. 그러므로 우리는 이 다섯 권의 책을 '지혜'라는 주제로 정리할 수 있다.

하나님의 지혜 앞에서 인간의 한계를 인정한 하나님의 백성들은 다양한 경험 속에서 하나님을 인정하게 된다. 그 가운데서 삶의 실제적인 지혜와 원리를 깨닫게 되고 그 지혜로 세상의 것들을 가치 판단하며 무엇이 진정한 가치가 있는 것인지 깨닫게 된다. 그것은 바로 하나님을 경외하는 것이며, 하나님을 경외하는 삶은 하나님 사랑과 이웃 사랑으로 이어지게 된다.

각 권의 주제를 한 단어로 요약하여 다음의 도표에 적고, 하나로 이어 성숙의 과정으로 이해해 보라.

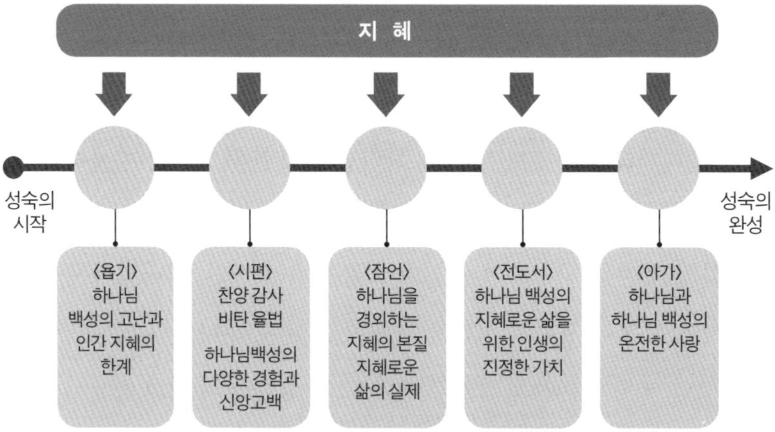

〈하나님 나라 관점에서 본 시가서의 내용〉

이 과의 핵심 정리

1. 욥기: 하나님 나라 백성의 고난과 인간 지혜의 한계
   시편: 하나님 나라 백성의 다양한 신앙 경험
   잠언: 하나님을 경외하는 지혜와 지혜의 실제
   전도서: 하나님 나라 백성의 진정한 가치
   아가: 하나님 나라 백성의 진정한 사랑
2. 시가서는 하나님 나라 백성의 다양한 삶 가운데 얻어진 지혜들이다. 이 지혜는 하나님을 경외하는 삶이고, 그것의 정점은 하나님과 이웃을 사랑하는 것이다.

이번 주 과제

하나님 나라 관점으로 뽑은 핵심 말씀을 성경에 체크하며 읽기

성경	범위	핵심 말씀
다니엘	1~6장	1:3~4, 2:44~45, 3:16~18, 4:26~27, 5:25~28, 6:26~27
	7~12장	7:13~14,27, 8:25, 9:10~11, 10:19~21, 11:45, 12:1
호세아	1~7장	1:2, 2:23, 3:1, 4:1~2, 5:3, 6:3,6, 7:10
	8~14장	8:12~13, 9:17, 10:2,12, 11:1~2, 12:6, 13:4~6, 14:4~5
요엘	1~3장	1:15~16, 2:13~14, 3:14
아모스	1~9장	1:2, 2:6~8,12, 3:1~2, 4:1, 5:14~15, 6:4~6, 7:17, 8:1~2, 9:8,11
오바댜	1장	1:10
요나	1~4장	1:2~3, 2:1, 3:4~5, 4:11
미가	1~7장	1:5~7, 2:1~2, 3:11, 4:6~7, 5:2~4, 6:6~8, 7:2~4
나훔	1~3장	1:1, 2:8, 3:1
하박국	1~3장	1:2,13, 2:4, 3:13~14
스바냐	1~3장	1:4~6, 2:3, 3:1~2,19
학개	1~2장	1:7~9, 2:18~19
스가랴	1~7장	1:2~3, 2:4~5, 3:6~7, 4:6,9, 5:3~4, 6:12~13, 7:9~12
	8~14장	8:7~8, 9:9~10, 10:6, 11:7, 12:10~11, 13:1~2, 14:9~11
말라기	1~4장	1:6, 2:7~8, 3:1~2, 4:4~6

5과

선지서:
하나님 나라 백성의 실패와 새언약의 소망

선지자들은 정치와 종교가 통합되어 있던 사사시대에서 정치와 종교가 분리되는 왕정시대로 넘어가면서 자연스럽게 등장했다. 따라서 이들의 존재는 왕들의 시대에서 계속 확인된다. 이들 중 후대 선지자들은 독립된 책들을 남겼고, 구약 선지서는 16명의 선지자가 17권의 책을 기록하였다.

사실 역사서와 시가서 그리고 선지서는 거의 시대적 배경이 동일하다. 특히 선지서는 이스라엘이 남북으로 갈라진 이후에 쓰이기 시작하여 바벨론 포로기와 그 이후까지 활동한 선지자들의 사역과 메시지를 담고 있다. 하지만 선지서는 하나님 나라 백성의 실패를 지적하고 심판을 경고하는 부분과 메시아를 통해 새 언약의 소망을 제시하는 내용을 담고 있다고 정리할 수 있다.

선지서 한눈에 보기

선지자들은 하나님의 율법과 주권을 거부한 이스라엘의 죄악과 더불어 열방의 죄악에 대해서도 지적한다. 하지만 선지서는 심판으로 끝나지 않고 하나님 나라를 이루어 가시려는 하나님의 열정을 담고 있다. 다시 주님을 따르게 될 하나님의 백성인 새 이스라엘에 대한 소망을 전하고 동시에 하나님의 나라를 대적하는 악한 자들에 대한 멸망을 약속한다.

위의 내용을 토대로, 다음의 도표를 정리해 보라.

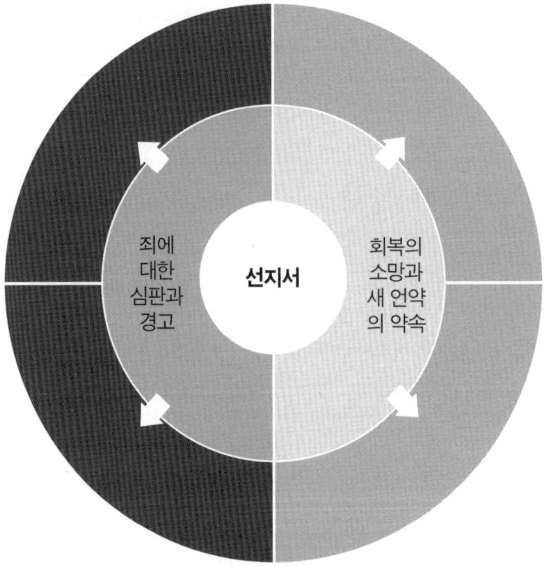

〈선지서 한눈에 보기〉

1. 죄를 심판하는 선지서의 메시지

선지자들은 하나님의 주권에 대해 거부하는 죄를 심판하고 경고한다. 다음의 지문을 읽고, 선지서를 분류해 보라.

선지서들은 모두 분열 왕국 시대 이후에 기록되었기 때문에 선지자들의 경고의 대상을 셋으로 나눌 수 있다. 북이스라엘과 남유다와 열방이다. 주로 남유다에 대해 책망한 선지자는 요엘, 미가, 말라기이다. 북이스라엘에 대해 경고한 선지자는 호세아이다. 열방의 심판만을 전한 선지자는 나훔과 오바댜이다. 아모스는 세 대상 모두에게 메시지를 전했고 이사야, 예레미야, 에스겔, 스바냐는 남유다와 열방에 대해 경고하였다. 예외적으로 학개와 스가랴, 요나, 하박국 그리고 다니엘은 하나님의 주권에 대해 다양한 상황에서 독특한 방식으로 계시하고 있다.

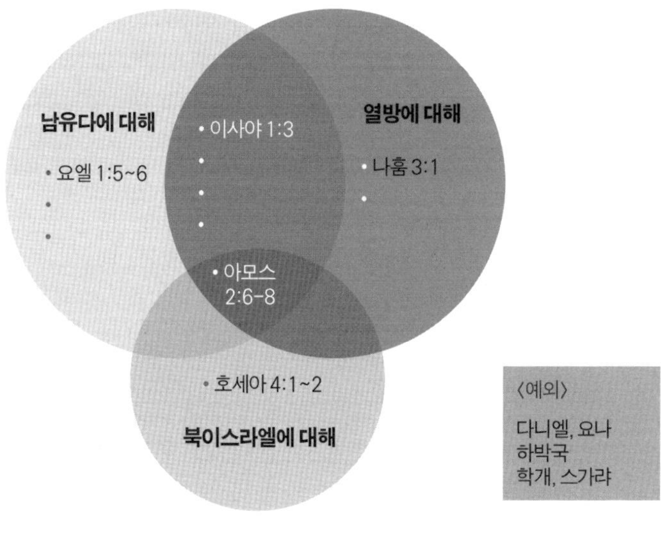

2. 선지서의 출신지, 시대적 구분

다음의 지문을 읽고, 선지자들이 활동한 지역에 따라 구분해 보라.

남유다의 전반기에 하나님께로 돌아올 것을 가르친 선지자는 요엘이고, 북이스라엘이 멸망하는 과정으로 접어드는 여로보암 왕 때 호세아, 아모스, 요나가 사역하였다. 북이스라엘을 멸망시킨 앗수르의 침략에 맞서 두려워하던 남유다 히스기야의 통치 전후로 이사야, 미가 선지자가 사역했다. 이후 남유다가 므낫세 왕 이후로 하나님을 떠나 멸망의 길로 갈 때 나훔, 하박국, 스바냐, 오바댜, 예레미야 선지자가 사역했으며 암울한 포로시대를 지나고 있을 때 다니엘과 에스겔 선지자가 활동했다. 포로기가 끝나고 귀환한 유다 백성들이 성전 재건을 주저할 때 학개와 스가랴가 사역했다. 이후 신앙의 회복을 외치며 하나님의 주권을 선포한 선지자가 말라기이다.

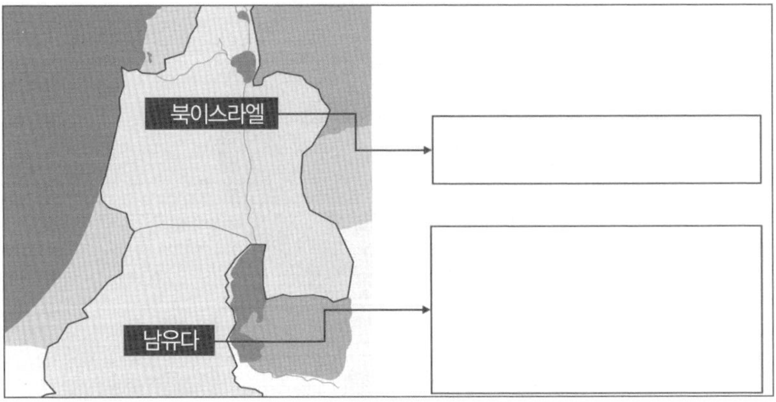

다음의 지문을 읽고, 선지서를 시대적으로 구분해 보라.

남북 왕조시대에는 북이스라엘의 타락이 두드러지기 때문에 북이스라엘 출신 선지자들이 이때 왕성하게 활동했다. 호세아, 아모스, 요나가 그들이다. 북이스라엘이 멸망하고 남왕조시대에는 유다가 타락하기 시작한다. 초기에는 이사야와 미가 선지자가 활동했고, 유다의 멸망이 가시화된 시점에는 앗수르가 멸망하고 바벨론이 흥할 것을 예언한 나훔 외에 하박국, 스바냐, 예레미야, 오바다 같은 선지자들이 활동했다. 바벨론 포로기에는 각각 1차에 끌려간 다니엘과 2차에 끌려간 에스겔이 유배지에서 활동했다. 고레스 칙령으로 예루살렘으로 귀환한 포로귀환시대에는 성전 건축을 독려했던 학개와 스가랴, 그 이후의 타락을 경고한 말라기 같은 선지자들이 활동했다.

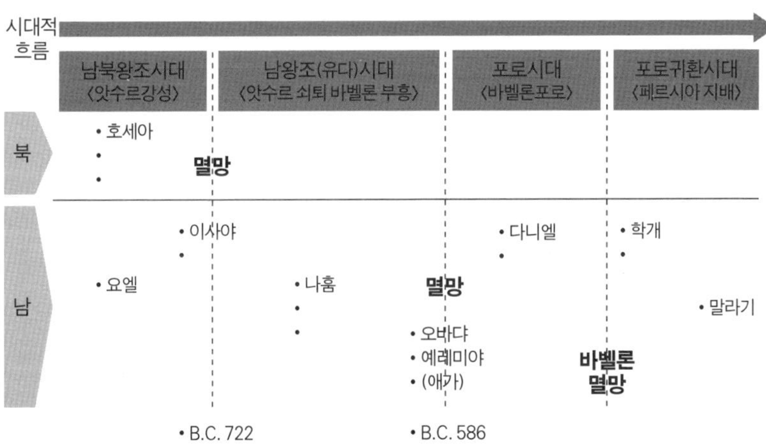

3. 내용상 독특한 선지서들

선지서의 기본적인 심판과 회복 메시지의 패턴에서 벗어난 독특한 선지서들이 있다. 다음의 말씀을 참고하여 도표에 나오는 선지서들의 주제를 요약해 보라.

> "나라와 권세와 온 천하 나라들의 위세가 지극히 높으신 이의 거룩한 백성에게 붙인 바 되리니 그의 나라는 영원한 나라이라 모든 권세 있는 자들이 다 그를 섬기며 복종하리라"_〈다니엘〉 7:27
>
> "하물며 이 큰 성읍 니느웨에는 좌우를 분변하지 못하는 자가 십이만여 명이요 가축도 많이 있나니 내가 어찌 아끼지 아니하겠느냐 하시니라" _〈요나〉 4:11
>
> "야곱 족속은 불이 될 것이며 요셉 족속은 불꽃이 될 것이요 에서 족속은 지푸라기가 될 것이라 그들이 그들 위에 붙어서 그들을 불사를 것인즉 에서 족속에 남은 자가 없으리니 여호와께서 말씀하셨음이라" _〈오바댜〉 1:18
>
> "니느웨는 예로부터 물이 모인 못 같더니 이제 모두 도망하니 서라 서라 하나 돌아보는 자가 없도다"_〈나훔〉 2:8
>
> "너희는 산에 올라가서 나무를 가져다가 성전을 건축하라 그리하면 내가 그것으로 말미암아 기뻐하고 또 영광을 얻으리라 여호와가 말하였느니라"_〈학개〉 1:8

다니엘	다니엘과 세 친구의 믿음과 하나님 나라의 묵시
요나	
오바댜	
나훔	
학개, 스가랴	

하나님 나라로 선지서 관통

다음은 선지서를 하나님 나라의 관점으로 정리한 것이다. 각 권의 주제를 참고하여 대선지서 각 권의 내용을 정리해 보라.

소선지서	호세아, 요엘, 아모스, 오바댜, 요나, 미가, 나훔, 하박국, 스바냐, 학개, 스가랴, 말라기
대선지서	**이사야** – 심판의 필연성과 메시아에 의한 하나님나라의 소망 **예레미야** – 예루살렘의 멸망과 새 언약의 소망 **예레미야애가** – 멸망의 슬픔과 회복의 간구 **에스겔** – 죄에 대한 심판과 새 성전을 통한 하나님나라 회복의 소망 **다니엘** – 다니엘과 세 친구의 믿음, 하나님나라의 묵시
선지서	하나님 나라 백성의 실패와 새로운 언약의 소망

① 이사야

1~12장	
13~23장	
24~35장	
36~39장	
40~66장	

② 예레미야

1~29, 34~45장	
30~33장	
46~52장	

③ 예레미야애가

1~5장	

④ 에스겔

1~24장	
25~32장	
33~48장	

⑤ 다니엘

1~6장	
7~12장	

소선지서 각 권의 내용을 정리해 보라.

호세아	1-3장	
	4-14장	

요엘	1-3장	
아모스	1-8장	
	9장	
오바댜	1장	
요나	1-4장	
미가	1-3장	
	4-7장	
나훔	1-3장	
하박국	1-3장	
스바냐	1-2장	
	3장	
학개	1-2장	
스가랴	1-8장	
	9-14장	
말라기	1-4장	

선지서와 하나님 나라의 복음

선지서는 심판과 경고의 메시지에 그치지 않는다. 하나님께서 메시아를 통해 구약의 언약을 대체할 새 언약을 세우실 것이고, 그 새 언약으로 하나님 나라를 성취할 것이라는 소망의 메시지도 전한다. 즉 메시아를 통해 성취될 하나님 나라의 소망을 기록하고 있다. 우리는 구약의 선지서들을 통해 하나님 나라에 필요한 하나님의 주권을 분명히 인식하며, 새롭게 하나님 나라를 성취하러 오실 예수 그리스도의 복음을 고대하게 된다. 이러한 구약의 선지서들을 통해 구약과 신약이 하나의 복음을 전하는 통일성 있는 책이라는 사실을 깨닫게 된다.

구약의 선지서가 예수 그리스도와 하나님 나라를 전하는 신약의 복음서 앞에 배치된 사실은 어떤 의미가 있는지 다음의 말씀을 읽고 생각해 보라.

> "내가 붙드는 나의 종, 내 마음에 기뻐하는 자 곧 내가 택한 사람을 보라 내가 나의 영을 그에게 주었은즉 그가 이방에 정의를 베풀리라"_〈이사야〉 42:1
>
> "4그는 실로 우리의 질고를 지고 우리의 슬픔을 당하였거늘 우리는 생각하기를 그는 징벌을 받아 하나님께 맞으며 고난을 당한다 하였노라 5그가 찔림은 우리의 허물 때문이요 그가 상함은 우리의 죄악 때문이라 그가 징계를 받으므로 우리는 평화를 누리고 그가 채찍에

맞으므로 우리는 나음을 받았도다 6우리는 다 양 같아서 그릇 행하여
각기 제 길로 갔거늘 여호와께서는 우리 모두의 죄악을 그에게 담당시
키셨도다"_〈이사야〉 53:4~6

"13내가 또 밤 환상 중에 보니 인자 같은 이가 하늘 구름을 타고 와서 옛
적부터 항상 계신 이에게 나아가 그 앞으로 인도되매 14그에게 권세와
영광과 나라를 주고 모든 백성과 나라들과 다른 언어를 말하는 모든 자
들이 그를 섬기게 하였으니 그의 권세는 소멸되지 아니하는 영원한 권
세요 그의 나라는 멸망하지 아니할 것이니라"_〈다니엘〉 7:13~14

이 과의 핵심 정리

1. 남북분열시대에 활동한 여러 선지자들은 남유다와 북이스라엘뿐 아니라 열방을 향해 하나님의 주권을 거부한 죄에 대해 지적하고 심판을 경고한다.
2. 하지만 선지서는 심판의 메시지와 함께 메시아를 통해 새 언약의 소망을 제시하고 새로운 하나님 나라의 소망을 전하고 있다.